In neuer Rechtschreibung
Gedruckt auf chlorfrei gebleichtem Papier

© 2008 Nelson Verlag
Lizenz: Kids&Concepts GmbH
Alle Rechte vorbehalten.

Konzeption und Text: Kerstin Hug
Titelfoto: Juniors Tierbildarchiv
Fotos: Juniors Tierbildarchiv: 5, 6, 8, 9, 10, 11u, 12, 13, 14, 17o,
17u, 19, 20, 23, 25, 27, 28o, 30o, 32u, 34o, 34u, 35, 36, 37o, 37u, 38/39,
40, 41, 43mu. Panthermedia.net/E. Krone: 11o, 42m.
Kaphoto – Fotolia.com: 15, 42o. MBCH – Fotolia.com: 16.
aboutpixel.de/Gyross: 21, 22u. Michaël BICHE – Fotolia.com: 22o, 42u.
Gail Johnson – Fotolia.com: 24u. pixelio.de – Dieter Haugk: 24o.
Zoonar/Helge Schulz: 26. Reinhard-Tierfoto: 31. Zoonar/newpixx: 28u.
vchphoto – Fotolia.com: 29, 33. Zoonar/Sailer Images: 30u.
DigiStockPix – Fotolia.com: 32o. aboutpixel.de/hellhunter2k: 43mo.
Sonja Mann – Fotolia.com: 43o. pixelio.de: 43u.
Grafik: art-design Wolfrath

ISBN: 978-3-86606-525-3
Printed in Germany

www.nelson-verlag.de

Kerstin Hug

Wunderschöne Tiergeschichten

Inhalt

Rike kennt sich aus　　　　8

Fips feiert Geburtstag　　　16

Lasse will raufen　　　　　26

Flockes schönster Tag　　　34

Leselotse Test　　　　　　42

Rike kennt sich aus

Das ist Rike, das kleine Rehkitz.
Sie freut sich auf einen Ausflug
mit ihrer Mama Rikarda.

Rike kann es gar nicht erwarten,
bis es endlich losgeht.
„Wo gehen wir hin?", fragt Rike.
„Wir sehen uns die Gegend an",
antwortet Mama. „Danach kennst
du alles und verläufst dich nicht."

„Ich bin groß und verirre mich nicht", protestiert Rike.
Dann ruft sie: „Mir nach!"
Das kleine Rehkitz läuft mutig über eine schmale Brücke.
Rikarda folgt ihr bis zur Wiese.

Nun hüpft Mama munter voraus.

Rike kann nicht mehr laufen.
„Mama, warte auf mich!", ruft sie.

„Du hast viel längere Beine.
Ich muss tausend Schritte mehr
machen als du", jammert Rike.

Sie fragt: „Wo sind wir denn, Mama?" Rikarda lacht.
„Nicht weit weg von zu Hause."

„Ich habe solchen Hunger", stöhnt Rike. Kein Problem! Mama Rikarda gibt Rike etwas von ihrer leckeren Muttermilch. Hm, die schmeckt und tut so gut!

„Es geht mir schon viel besser, Mama", freut sich Rike.
Sie kuschelt sich an Rikarda.
„Jetzt fehlt mir nur noch
ein kurzes Nickerchen."

Dann sucht sich
Rike ein gemütliches
Plätzchen auf dem
Waldboden.
Dort darf sie sich
ausruhen, bevor
es weitergeht.
Schlaf schön, Rike!

Fips feiert Geburtstag

Das ist Fips, das Eichhörnchen.
Heute ist ein besonderer Tag.
Fips hat Geburtstag.

Sein Freund Fred stellt sich auf
die Hinterbeine und singt:
„Zum Geburtstag viel Glück!"

„Und eine Überraschung habe ich
auch!", ruft Fred und springt los.

Fips ist neugierig und beeilt sich.
„He, warte auf mich!", ruft er.
„Wo ist meine Überraschung?",
fragt Fips völlig
außer Atem.

„Ich habe deine Lieblingsbeeren entdeckt", erklärt ihm Fred.

„Du bist ein wahrer Freund",
freut sich Fips und macht sich
über das leckere Essen her.
Ein tolles Geburtstagsgeschenk!

„He, was macht ihr da mit meinen Beeren?", fragt eine gruselige Gestalt mit Bart von oben herab.

„Ich ... äh ... habe heute Geburtstag", stottert Fips aufgeregt.

Die Gestalt nimmt den Bart ab.
Es ist Freds Bruder Franz.

Die leckeren roten Beeren haben
Fips ganz durstig gemacht.
Er freut sich über das kühle
Wasser aus der großen Schale.

„Das war ein schöner Tag",
verabschiedet sich Fips von Fred.
„Du bist der liebste Freund,
den man haben kann."

Dann läuft Fips nach Hause.
Er klettert in seine kuschelige
Höhle, in der man prima träumen
und faulenzen kann.
„Für Fred überlege ich mir auch
eine besondere Überraschung",
denkt Fips und schläft ein.

Lasse will raufen

Das ist Lasse, der kleine Fuchs.
Er wohnt mit seiner Mama Lena
ganz tief im großen Wald.
Hier gibt es viel zu erleben.

„Mama, kann ich im Wald spielen gehen?", fragt Lasse ganz lieb.
„Ja, aber komm wieder, bevor es dunkel wird", antwortet Mama.
Sie gibt Lasse noch einen dicken Kuss auf die Nase.

Lasse untersucht die Umgebung.
„Hier riecht es sehr interessant."

Dann entdeckt er Mischa.
Mit ihm kann man gut raufen.

„Mischa, spielst du mit mir?",
fragt Lasse seinen Freund.
Mischa überlegt kurz. „Eigentlich
wollte ich ein Nickerchen machen,
aber spielen ist besser."

Raufen macht großen Spaß.

„Ups, es wird gleich dunkel!",
bemerkt Lasse. „Ich muss los."

Die beiden Raufbolde verabreden
sich für morgen Nachmittag.
„Tschüss, Mischa, schlaf schön!",
ruft Lasse und rennt los.
Er nimmt den kürzesten Weg
nach Hause.

„Geschafft!" Lasse kuschelt sich zufrieden an seine Mama Lena.

Nun macht er sich auf die Suche nach einem schönen Plätzchen.

Dort legt sich Lasse müde hin
und schläft sofort ein.
In seinen Träumen aber kugelt
er mit Mischa den Berg hinunter.
Lasse lächelt glücklich.

Flockes schönster Tag

Das ist Flocke. Sie darf heute mit ihrer Mama auf die Weide.

Jetzt hat Flocke Hunger.
Wie gut, dass Mama da ist! Ihre Milch schmeckt süß und lecker.

Als Flocke satt ist, schaut sie sich neugierig um. Mal sehen, was es auf der Weide noch alles zu entdecken gibt.

Da kommt Flockes Freund Tom.
„Hallo, Flocke", wiehert er.

„Das ist Lilli", sagt Tom. Flocke gibt Lilli zur Begrüßung einen freundlichen Stups.

Mama findet Lilli auch sehr nett.
Lilli klettert auf Mamas Rücken.

„Das ist aber schön!", meint Lilli
und schließt die Augen.

Lilli spielt den ganzen Tag mit ihren Freunden Flocke und Tom.
Das macht Spaß!
Tom lässt sich von Lilli striegeln.

Flocke und Mama genießen die letzten warmen Sonnenstrahlen dieses schönen Tages.
„Das war ein toller Tag!", sagt Flocke ganz glücklich zu Mama. „Ich freue mich auf morgen."

Leselotse Test

Lies die Sätze mit den Bildern. Finde heraus, wie die Wörter lauten, die durch Bilder ersetzt wurden.

 ist müde und erholt sich von ihrem Ausflug.

Rikarda hüpft über die .

 hat heute Geburtstag.

Sein Freund Fred hat leckere 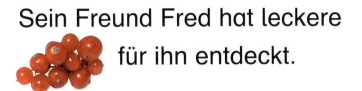 für ihn entdeckt.

Lasse springt mit einem großen Satz über das ____ .

____ kugelt im Traum den Berg hinunter.

Flocke trinkt gerne bei Mama.

Lösungen: Rike, Wiese, Fips, Beeren, Wasser, Lasse, Milch.

Leselotse Reihe

Das komplette Leselotse Programm:

Seepferdchen für erstes Mitlesen ab der Vorschule

ISBN 978-3-86606-441-6

ISBN 978-3-86606-442-3

ISBN 978-3-86606-524-6

1. Lesestufe für erstes Lesen ab der 1. Klasse

ISBN 978-3-86606-292-4

ISBN 978-3-86606-294-8

ISBN 978-3-86606-293-1

ISBN 978-3-86606-295-5

ISBN 978-3-86606-373-0

ISBN 978-3-86606-371-6

ISBN 978-3-86606-411-9

ISBN 978-3-86606-443-0

ISBN 978-3-86606-525-3

Lesen macht Laune!

2. Lesestufe für geübtes Lesen ab der 2. Klasse

ISBN 978-3-86606-299-3　　ISBN 978-3-86606-297-9　　ISBN 978-3-86606-296-2　　ISBN 978-3-86606-298-6　　ISBN 978-3-86606-372-3

ISBN 978-3-86606-370-9　　ISBN 978-3-86606-412-3　　ISBN 978-3-86606-446-1　　ISBN 978-3-86606-526-0

3. Lesestufe für fortgeschrittenes Lesen ab der 3. Klasse

ISBN 978-3-86606-301-3　　ISBN 978-3-86606-300-6　　ISBN 978-3-86606-374-1　　ISBN 978-3-86606-375-4　　ISBN 978-3-86606-413-3

ISBN 978-3-86606-414-4　　ISBN 978-3-86606-444-7　　ISBN 978-3-86606-527-7　　ISBN 978-3-86606-376-8　　ISBN 978-3-86606-377-8

ISBN 978-3-86606-415-7　　ISBN 978-3-86606-445-4　　ISBN 978-3-86606-303-7　　ISBN 978-3-86606-302-0